J'ai encore rêvé d'ailes

www.facebook.com/poemesvictor

© 2023 victor ZABATT
Édition : BoD - Books on Demand, info@bod.fr
Impression : BoD - Books on Demand, In de Tarpen 42,
Norderstedt (Allemagne)
Impression à la demande
ISBN : 978-2-3224-8346-4
Dépôt légal : juin 2023

Alzheimer

Les souvenirs qui règnent

Dans ce royaume éteint,

Des bribes d'étincelles

Égarées en chemin,

Ils s'étirent

S'effilochent,

Le film d'une vie

Diluée délavée,

Ils tissent le présent

L'espace d'un instant,

Ils émergent du passé

Un reflet fugace,

Ils écrivent l'histoire

Broyés dans le pressoir,

Les souvenirs se meurent

Chez Dame Alzheimer.

Allumette

Je flambe

Tu craques

J'allume,

Une brève chaleur

Salutaire artifice,

Orné d'un chapeau rouge

Un régime de minceur,

Un horrible complice

Des tiges qui font peur,

Caché dans une boîte

Je fais peur aux enfants,

Je suis né de cet arbre

Dans une scène macabre,

Je suis à bout de souffre

Une fois consumé,

Sans air

Un condamné

Je finis au bûcher.

Le Grand Boum

Le Grand Boum c'est quand je te vois

Une vitrine rayonnante

Le Grand Boum c'est ta voix

Un écho lénifiant

Le Grand Boum c'est quand tu ris

Des éclats de pitrerie

Le Grand Boum c'est quand tu me dis

Tous ces mots à l'infini

Le Grand Boum c'est quand nos cœurs

Ne font qu'un à cent à l'heure

Le Grand Boum c'est quand je t'embrasse

Sur tes lèvres et même ailleurs

Le Grand Boum c'est quand je t'enlace

Prisonnière de mes audaces

Le Grand Boum c'est ton sourire

Mon étoile du matin

Le Grand Boum est dans tes yeux

Une lucarne langoureuse

Ton Grand Boum une obsession

Un des mystères de ma vie.

Chemin de vie

On vit on meurt

Comme dans les films,

On rit on pleure

Comme un enfant,

L'amour s'écrit

En majuscule,

En pointillé

Ou point final,

On a vingt ans

La liberté,

On a vingt ans

Jeune premier,

On se promène

Dans les années,

Ça bouchonne

Faut avancer,

Les cheveux blancs

Belle avancée,

Les printemps

Ont déroulé,

Le temps viendra

De s'allonger,

Fermer les yeux

Ne plus rêver.

Coquelicot

Le rouge te va si bien

Il coiffe la plaine,

Une tige sinueuse

Tu danses avec le vent,

Un joyau isolé

Au pied d'une muraille,

Un rubis au soleil

Dans une robe légère,

Couchée sur une toile

Habillé de pastel,

Tu vacilles fièrement

Sur un mur suranné,

Du printemps à l'été

Une estampe gracieuse,

On attend patiemment

Ces jours écarlates.

Dame nature

Sur les chemins apprivoisés

Je contemple ces bouquets,

Des senteurs et des fumets

La fraîcheur du jour levé,

Je me glisse dans les sillons

D'une terre malmenée,

Je chemine lentement

Le soleil est aux aguets,

Le vacarme de tous ces piafs

Un concert populaire,

Les insectes se réveillent

Ça bourdonne et ça se traine,

La rivière aux allures sage

Se déverse lentement,

À l'affût d'un bel orage

Pour suer allègrement,

La faune guette ma flânerie

Des sentinelles embusquées,

La flore brille de ses éclats

Le cliché d'une barbouille,

Je rêvasse à des idées

Je médite sur mes desseins,

On te vénère chère Dame nature

En solide ou en peinture.

Gourmand

Si j'étais un gourmand

Je mangerais tes lèvres

Si j'étais un amant

Je t'offrirais mes nuits

Si j'étais un serment

Je te vouerais ma vie

Si j'étais un ami

Je consolerais tes cris.

Gris

Dehors il fait gris

La mélancolie se mêle à l'ennui

On attend nonchalant

Le Seigneur des étoiles

Son flambeau rayonne

Sur l'âme du monde.

Guérir

Il y a des gens qu'on aimerait revoir

Des rires qu'on aimerait entendre

Des jours qu'on aimerait comprendre

Des nuits qu'on aimerait étendre

Il y a des mots qu'on aimerait écrire

Des bras qu'on aimerait offrir

Des larmes qu'on aimerait tarir

Des mains qu'on aimerait ouvrir

Il y a cet être qu'on aimerait choyer

Ses lèvres qu'on aimerait goûter

Ses rêves qu'on aimerait bercer

Ce doigt qu'on aimerait baguer

Il y a le temps qu'on aimerait surseoir

Ces rides qu'on aimerait lisser

Cette joie qu'on aimerait revivre

Cette paix qu'on aimerait guérir.

Improbables

Les amours improbables

Se terrent chaque nuit

Ils restent inaltérables

Embusqués dans les chairs

Une flamme en sommeil

Une lumière adoucie

Un rayon de soleil

Une ivresse en sursis.

Je poétise

Je poétise à tous les temps

J'idéalise chaque instant,

J'embellis chaque seconde

Je bénis chaque printemps,

Je louange le mot Aimer

Je glorifie le temps passé,

Je rends grâce à ma santé

J'adule ma bien-aimée,

Je souris à mon destin

Je déguise mes chagrins,

Je pleure seul dans mon coin

Je rigole pour un rien,

Je vénère la nuit le jour

Je savoure chaque minute,

Je me cache derrière la lune

J'aime la pluie bienveillante,

Je poétise à chaque instant

Je grave l'amour pour toujours,

Je n'oublie pas mes souvenirs

J'écris je t'aime Mon Amour.

Je riz

Je riz au lait et même aux beaux

Je riz cantonnais qu'est-ce que c'est beau

Je risotto quand il est haut

Jr riz au gras je n'en n'ai pas

Je riz au curry pas aux carries

Je riz au poulet et aux poireaux

Je riz aux oignons sur les arpions

Je riz Mexicain révolution

Je riz japonais les yeux tirés

Je riz Cubain j'ai le cigare

Je riz safrané un peu huppé

Je riz aux fruits de mer je n'aime pas la mer

Je riz à l'indienne toute la semaine

Je ricoré je suis hors sujet

Je ris de moi n'hésitez pas.

Jolie Demoiselle

Jolie demoiselle

J'ai le cœur embrasé,

Un rayon printanier

La fièvre m'a gagné,

J'aperçois sans peine

Ce balcon dégagé,

Je contemple vos hanches

Vos galbes escarpés,

Les cheveux frisottés

La mine rêveuse,

Un petit vent léger

Dans votre robe légère,

Le vin de l'amour

L'ivresse des amants,

Je boirai toutes vos lèvres

Pour gouter le jugement,

Jolie demoiselle

Vous êtes près de moi,

Les effluves s'élèvent

Un nuage de fleurs,

Une flamme s'anime

Une chaleur paisible,

Il est temps de goûter

À cette saveur sublime.

La bougie

Elle s'est infiltrée

Sur cette crème vanillée,

Une frêle bougie

Qui s'ajoute à ma vie,

Une flamme de plus

Pour ma biographie,

Mon livre s'épaissit

Encore combien de nuits.

Je gomme ses éclats

Dans un souffle héroïque,

Tous les ans je triomphe

De ce rite féerique.

La mer

On ira voir la terre

Où s'enfonce la mer,

Ses rides se démêlent

Au gré des balancements,

L'horizon s'est éteint

Dans une aquarelle trouble,

Les rafiots brimbalés

Coulissent entre les lames,

Les vagues se désemmêlent

Des querelles du vent,

Le froid s'est emparé

De nos corps fagotés,

Le parfum des embruns

Se dépose doucement,

Un saupoudré de sel

La caresse d'une brise,

On quittera la mer

Dans une brume salée,

Demain sera huileux

Un calme rutilant.

La patience

J'ai appris à aimer

À sourire à offrir

J'ai appris à parler

À ces ombres sacrées

J'ai appris à marcher

Dans ces rues en dérive

J'ai appris à souffrir

Un amas d'amertume

J'ai appris à rêver

À celle que j'attendais.

La table

Au bout de la table

J'entends des rires,

Encore une fable

Truculente,

Les verres renvoient

Un air de fête,

Une boisson gaie

Et pétillante,

Un brouhaha

Qui ne s'entend plus,

Une huée

Impertinente,

Dans les assiettes

Fin de la diète,

La panse pleine

Et débordante,

Tenues et robes

Se marient,

Des nuances

Éclatantes,

Les bougies pleurent

Sous le halo,

Des lanternes

Chatoyantes,

Elle finira

Par une merveille,

Cette séance

Alléchante.

Le coquelicot

Il dandine

Il se penche,

Des pirouettes

Eventées,

Il raffole

Des printemps,

Du soleil

Des abeilles,

Rouge flambant

Une robe légère,

Il saupoudre

L'horizon,

Il embrase

Les esquisses,

Il rougit

Sur la toile,

Une grâce

Elancée,

Sur un fil

De verre,

La couleur

De tes lèvres,

Pour un baiser

Furtif.

Le lapin

Ce matin un lapin

A sourit au chasseur,

Au bout de son canon

Il a dit même pas peur,

Il étend ses oreilles

Pour entendre le bruit,

Le petit cliquetis

Le chien du vieux fusil,

Derrière la pétoire

Un vieil homme abîmé,

Un glorieux braconnier

Aux mains démesurées,

Une panse bedonnante

Une mine attachante,

Le sourire d'un grand-père

Sage et dévoué,

Il regarde sa proie

Immobile et figée,

Le doigt sur la détente

Une vie en attente,

Il marmonne des sons

Un langage barbouillé,

Une lueur de clémence

Sillonne ses pensées,

Hardi petit lapin

À l'audace périlleuse,

Vas rejoindre ta nichée

Ils t'attendent impatients,

Ce matin un lapin

A sourit au chasseur,

Celui avec un cœur

À la place du malheur.

Le matin

Il y a des matins

Le cœur se réveille,

Il ouvre ses pages

Toujours en sommeil,

Des empreintes profondes

Ciselées et pérennes,

Des traces engourdies

Le parfum d'une reine,

Le témoin d'un passé

Emporté par l'orage,

Dans la brume trouble

Le livre s'est fermé,

Il y a des matins

La douleur se réveille,

Le temps n'y fera rien

J'attendrai demain.

Le présent

J'écris

Tu peins

Elle chante

Nous aimons

Vous rêvez

Ils enchantent.

Le vieux mur

Assis sur un vieux mur balayé par la mer,

Les vagues brisent le silence sur ces rochers lustrés,

De vieilles coques effilées amarrées à la terre

Attendent patiemment un vent de liberté,

On aperçoit au loin une lumière de verre

Une sorte d'étoile pour les braves mariniers,

Des hommes fatigués et des visages sévères

Voyages et tourments il est temps de rentrer,

Le ciel s'éteint, une veilleuse précaire

Les nuages bourgeonnent un grondement léger,

Le vent résonne sur les gréements d'hier

La pluie sillonne mon ciré jaune pressé,

Je reste assis à contempler la sphère

J'entends les gouttes qui pilonnent mes pieds,

Le temps s'écoule au milieu des éclairs

Je suis trempé comme un vieux chat mouillé,

J'ai l'ai attendu au milieu de la colère

J'ai bien cru que l'on pouvait s'aimer,

J'attends posé sur mon vieux mur de pierre

Je songe à mes prières et mes rêves enterrés.

Ô Maman

Mon terreau mes racines

Je n'oublie pas ta mine,

Tes mots doux et sucrés

Des bonbons pour aimer,

Ta main apaisante

Sur mes joues détrempées,

Ton amour ta présence

Mes cuirasses dès l'aube,

Ton parfum éternel

Une senteur immuable.

Les flocons

Les flocons se dispersent

Ils filtrent la lumière,

Sous les lampadaires

Des éclats de verre,

Derrière les carreaux

Les yeux s'illuminent,

La blancheur va renaître

Un décor magnétique,

À la lueur du jour

Un blanc dominant,

Une toile de Maître

Posée sur ma fenêtre.

L'orage

L'orage gronde

Les feuilles tremblent,

Le jour tombe

Dans le sombre,

Des nuages empâtés

Encombrent la voie lactée,

Des bourrasques et des trombes

Un cocktail glacé,

Des éclats fugaces

La colère des cieux,

L'orage gronde

Les feuilles tremblent

Un décor tourmenté.

Mes lignes

Tu es cachée entre mes lignes
Derrière chaque mot je vois un signe,
Tu te ballades dans chaque phrase
Une escapade entre deux rimes,
Des majuscules pour te plaire
Des minuscules plus ordinaires,
Des pointillés pour des peut-être
Le verbe Aimer pour te griser,
Une police en arrondi
Rappelle tes courbes désirables,
Ma plume glisse sur le papier
Une caresse affriolante,
Je déborde sans artifice
Des confessions des mots qui glissent,
Je vois ton ombre qui défile
Dans une histoire à l'infini.

On s'est perdu

On s'est écrit

On s'est parlé

On s'est croisé

On s'est imaginé

On s'est aimé

On a chialé

On s'est détesté

On s'est perdu

Petit oiseau

Petit oiseau sur la branche

Que vois-tu de ton côté,

Le revers des saisons

Il est temps de se pomponner,

Tu chanteras ces couplets

Des airs doux et mesurés,

La farandole des amours

Des aubades pour la cour,

Le soleil le vent léger

Les complices de l'attrait,

Béniront tes envolées

Jolies rondes enflammées,

La magie du sacrement

La saison des bien-aimées,

L'ébauche d'un dénouement

Dans un petit nid douillet.

Rêveurs

Le jour de lève

Le jour s'achève,

Une vieille horloge

Apprivoisée,

La nuit s'étale

Dans mon sommeil,

Les ombres flânent

Sous les luisances,

Le soleil brille

Dans les reflets,

Une cuisante

Bienveillance,

La lune miroite

Ses humeurs,

Une peinture

Pour les rêveurs.

Rien

Parlez-moi de rien

Je vous dirai tout,

Parlez-moi de vous

Ils n'en sauront rien,

Prenez-moi la main

Elle n'attend que vous,

Une main sans vous

La vie ne vaut rien,

Dîtes-moi ces mots

Ceux qui font du bien,

Lisez-moi ces vers

Écris à la main,

Une nuit sans vous

C'est un bout de rien,

Rien qu'un bout de vous

Le monde m'appartient.

Souvenirs

Te souviens-tu d'hier

Cette flamme apaisée,

Une éclaircie torride

Une ardeur enflammée,

Te souviens-tu des heures

Les sens nous enlaçaient,

La lune ou le soleil

Des intrus indiscrets,

Te souviens-tu des soirs

On regardait passer,

Assis sur le trottoir

Les amants enlacés,

Te souviens-tu des nuits

Le sommeil effacé,

Des heures indécentes

Les étoiles brillaient,

Te souviens-tu des rires

Et des mots qui fusaient,

Tes esquisses crayonnées

Tes rimes enfiévrées,

Te souviens-tu de nous

De nos rêves envolés,

Ces décors défraichis

Souvenirs du passé,

Je me souviens de tout

Une empreinte ciselée,

Je me souviens de vous

Une éprise exaltée.

Toi

Je ne vois que toi dans les reflets

Une phobie incorrigible,

Petit minois d'une bien-aimée

Une image incompressible,

Une récidive chaque jour

Aucun remède à cet amour,

Je ne vois que toi dans les reflets

Un cliché angélique.

Une chanson d'amour

Une chanson d'amour
C'est une page qui s'envole,
Elle se colle à ta peau
Des minutes un peu folles,
Des rimes déroutantes
Des yeux qui se noient,
Le cœur se débat
A l'assaut d'une aimée,
Cette chanson d'amour
Je l'écrirai pour toi,
Je prendrai cette plume
La plus belle qui soit.

Un mot

Écris-moi un mot

Celui qu'on aime entendre,

Un billet sage et tendre

Un verbe enflammé,

Dis-moi ce mot

D'une voix aiguisée,

Un timbre éclatant

Un son affriolant,

Offre-moi ces lettres

J'en ferai une conquête,

Une croisade sans retour

Un aller pour l'amour.

Vieux

Quand je serai vieux

Je voguerai sur mon passé,

Le bien le mal enchevêtrés

Des confessions déficelées,

Ma vieille machine sera grippée

Des assemblages à lubrifier,

Le cœur vaillant toujours battant

Les badinages d'un élégant,

Je relirai sous ma lanterne

Toutes ces pages palpitantes,

Je divaguerai dans ces printemps

Ces années riches sans argent,

J'amuserai mon entourage

Une audience absorbée,

Je rirai de mon grand âge

Caricatures et quolibets,

Emmitouflé dans l'affection

Et submergé de tendresse,

Les enfants me chériront

Un cocon de quiétude,

Mes amis me béniront

De mes blagues grotesques,

La boite à souvenirs

Une vraie boite à rire,

On boira nos délires

À la juste mesure,

Du jaune ou du rouge

Ces couleurs sacrées,

Quand je serai vieux

Ce temps n'est pas très loin,

Je savoure chaque saison

À raconter demain.

Vice versa

Les glaces à l'eau

Une caresse

L'eau et la glace

Impitoyable

Du vin dans l'eau

Une maladresse

L'eau dans son vin

Une accalmie

Les yeux fermés

Une certitude

Fermer les yeux

Un étonnement

L'amour sans fin

Incertitude

La faim d'amour

Intempérance.

30 ans après…

Un terreau vieillissant

Les gardiens d'un passé,

Un mélange d'avant

Et d'histoires délavées,

Les mots fusent

Des échos rabâchés,

Le glorieux étalage

D'un journal froissé,

On déballe ses joies

Ses mouchoirs imbibés,

Les disparus d'hier

Des images sacrées,

Les cheveux grisonnant

On trinque à la santé,

Demain il fera jour

Il reste à raconter.

Ma bille

Ma bille et moi

On ne se parle pas

Je la nourris sans interdits,

Un petit bal à chaque fois

Des révérences des arrondis,

Elle bafouille elle gribouille

Une belle tambouille, quel appétit,

Mariage heureux entre mes doigts

Une alliance à l'infini,

Ma bille et moi le grand amour

Des homélies et des chimères,

Une phraseuse qui se débat

Les mots se poussent sans un cri,

Ma bille et moi à chaque ligne

Une fusion immodérée,

Une addition bien ordonnée

Une rêverie pour vous ravir.

Haïku

Le printemps reluit
Un doux bariolage
Frêle gravure.

Le mistral a faim
Il dévore les ciels gris
Le bleu son ami.

Les coquelicots
Reluquent les étoiles
Un bleu infini.

Licorne sombre
Délivre tes mystères
J'aime ta candeur.

Tes années s'enfuient

Ta joliesse te poursuit

Toujours plus jolie.

Licorne sacrée

Cachée dans mes délices

Tu restes gravée.

www.facebook.com/poemesvictor